W0197828

Für Kajal Mistry

WIDDER

Im Einklang mit den Sternen leben

STELLA ANDROMEDA

ILLUSTRIERT VON EVI O. STUDIO

GROH

Einleitung 7

I.

Alles über den Widder

Die Eigenschaften des Widders 31
Körper und Gesundheit 34
So kommuniziert der Widder 37
Berufe für den Widder 38
So tickt der Widder 41
Wer liebt wen? 44

II.

Die Welt des Widders

So wohnt der Widder 55
Selbstfürsorge 57
Kochen und Essen 59
Widder und das liebe Geld 61
Der Widder und seine Vorgesetzten 62
Wie lebt es sich mit dem Widder? 65
Widder und Trennungen 66
So will der Widder geliebt werden 69
Widder und Sexualität 72

III.
Mehr Astrowissen

Dein Geburtshoroskop 76
Der Mondeffekt 80
Die zehn Planeten 83
Die vier Elemente 89
Kardinale, fixe und veränderliche Zeichen 92
Die zwölf Häuser 95
Der Aszendent 101
Rückläufiger Saturn 103
Rückläufiger Merkur 104

Lesetipps 108
Danksagung 109
Über die Autorin 111

Einleitung

Der Giebel des antiken griechischen Apollontempels in Delphi trägt die Inschrift: „Erkenne dich selbst.“ Sie ist eine der 147 delphischen Maximen, nach denen man leben sollte. Von Gott Apollon selbst soll diese Aufforderung zur Selbsterkenntnis stammen, und später ergänzte sie der Philosoph Sokrates um den Satz: „Ein unerforschtes Leben ist nicht lebenswert.“

Der Mensch versucht auf vielfältige Weise, sich selbst kennenzulernen und sein Leben oder die Herausforderungen seines Daseins zu meistern, oft mithilfe von Therapien oder organisierten Glaubenssystemen wie Religionen. Wir wollen auf diesem Weg vor allem die Beziehung zu uns selbst und zu anderen besser verstehen lernen und Mittel finden, die uns das ermöglichen.

Die Astrologie bietet durch ihre symbolische Verwendung der Himmelskonstellationen, also der Darstellung der Tierkreiszeichen, der Planeten und ihrer energetischen Auswirkungen einige Ansätze für das Verstehen der menschlichen Natur und der Erfahrung. Viele Menschen empfinden dieses Wissen und das Potenzial, das darin steckt, als hilfreich, um Denkanstöße für eine erfülltere Lebensweise zu gewinnen.

Was ist Astrologie?

Einfach ausgedrückt, ist Astrologie das Studium und die Deutung des Einflusses, den die Planeten aufgrund ihrer Positionen im Raum zu einem bestimmten Zeitpunkt auf uns Menschen und unsere Welt nehmen können. Die angewandte Astrologie beruht auf einer Kombination aus dem faktischen Wissen über die Besonderheiten dieser Positionen und ihrer psychologischen Interpretation.

Astrologie ist weniger ein Glaubenssystem als eine praktische Lebenshilfe, die uns alte, überlieferte Weisheiten an die Hand gibt. Jeder Mensch kann lernen, die Astrologie für sich zu nutzen – nicht so sehr zum Wahrsagen oder um die Zukunft zu deuten, sondern als Wegweiser zu größerer Einsicht und einer achtsameren Herangehensweise an das Leben. Der richtige Zeitpunkt ist das A und O in der Astrologie. Die Kenntnis der Planetenkonstellationen und ihrer Beziehung zu bestimmten Zeiten zueinander kann uns bei der Wahl des richtigen Moments für manche Lebensentscheidungen helfen.

Zu wissen, wann größere Veränderungen im Leben anstehen können – aufgrund von Planetenkonstellationen wie einem rückläufigen Saturn (siehe S. 103) oder rückläufigen Merkur (siehe S. 104) – oder was eine Venus im siebten Haus bedeutet (siehe S. 85 und 98) und wie das im Licht der spezifischen Eigenschaften des eigenen Sternzeichens zu berücksichtigen ist: Dies alles sind Werkzeuge, die du zu deinem Vorteil nutzen kannst. Wissen ist Macht und die Astrologie kann ihren Teil dazu beitragen, die Höhen und Tiefen des Lebens, aber auch unsere Beziehungen gut zu meistern.

Die zwölf Sternzeichen

Jedes Stern- oder Tierkreiszeichen hat typische Eigenschaften, die den Menschen gemeinsam sind, die in diesem Zeichen geboren wurden. Dieses Zeichen ist dein Sonnenzeichen, das du wahrscheinlich schon kennst – und der übliche Ausgangspunkt, von dem aus wir unseren astrologischen Weg erkunden. Die Eigenschaften des Sonnenzeichens können sich individuell sehr stark zeigen, doch stellen sie nur einen Teil des Ganzen dar.

Wie wir auf andere wirken, wird meist von weiteren Faktoren beeinflusst, die man ebenfalls berücksichtigen sollte. So sind das Zeichen deines Aszendenten und deine Mondstellung genauso wichtig wie dein Sonnenzeichen. Du kannst dir auch dein Gegenzeichen ansehen, um herauszufinden, was deinem Sonnenzeichen vielleicht dazu verhelfen könnte, mehr Balance zu erreichen.

Im ersten Teil dieses Buchs lernst du dein Sonnenzeichen kennen. Im zweiten Abschnitt bist du dazu eingeladen, noch tiefer einzutauchen (siehe S. 74–105) und die Einzelheiten deines Geburtshoroskops zu erforschen. Damit wirst du einen viel größeren Einblick in die zahlreichen astrologischen Einflüsse gewinnen, die sich in deinem Leben zeigen können.

Die Sonnenzeichen

Die Erde braucht 365 Tage (exakt sind es 365,25), um die Sonne zu umrunden. Dabei scheint die Sonne einen Monat lang durch jedes Tierkreiszeichen zu wandern. Dein Sonnenzeichen ist somit das Tierkreiszeichen, in dem die Sonne zum Zeitpunkt deiner Geburt stand. Wenn du dein Sonnenzeichen und die deiner Familie, Freund*innen und Partner*innen kennst, ermöglicht dir das einen guten Einblick in die Charakter- und Persönlichkeitsmerkmale, die du mithilfe der Astrologie entdecken kannst.

Im Übergang geboren

Für Menschen, die gegen Ende des einen oder zu Beginn des nächsten Sonnenzeichens geboren sind, lohnt es sich, ihre genaue Geburtszeit herauszufinden. Astrologisch gesehen gibt es eigentlich keinen Übergang zwischen den Zeichen, denn jedes davon beginnt zu einem festen Zeitpunkt an einem bestimmten Datum, auch wenn dieser von Jahr zu Jahr etwas variieren kann. Wenn du unsicher bist, was dein Sonnenzeichen ist, kannst du es über dein Geburtsdatum, deine Geburtszeit und deinen Geburtsort genau bestimmen. Mit diesen Daten kannst du einen Astrologen aufsuchen oder du lässt sie durch ein Online-Astrologieprogramm laufen (siehe S. 108), um ein möglichst genaues Geburtshoroskop zu erstellen.

Widder

Lat.: Aries

✶

21. MÄRZ–20. APRIL

Astrologisch das erste Sternbild des Tierkreises, erscheint der Widder zur Frühjahrs-Tagundnachtgleiche. Kardinales Feuerzeichen; das Zeichen für Anfänge. Herrscherplanet ist Mars, der dafür steht, Herausforderungen dynamisch, energievoll und kreativ zu begegnen. Gegenzeichen: die luftige Waage.

Stier

Lat.: Taurus

✶

21. APRIL–20. MAI

Fixes Erdzeichen. Geerdet, sinnlich und den körperlichen Freuden zugewandt, ist der Stier von seinem Herrscherplaneten Venus mit Anmut und einem Sinn fürs Schöne ausgestattet – trotz seiner bulligen Darstellung. Charakteristisch ist seine unbeschwerte, unkomplizierte, wenn auch manchmal sture Lebenseinstellung. Gegenzeichen: das Wasserzeichen Skorpion.

Zwillinge

Lat.: Gemini

✶

21. MAI–21. JUNI

Veränderliches Luftzeichen. Zwillinge neigen dazu, beide Seiten eines Problems zu sehen, wobei der Herrscherplanet Merkur ihren schnellen Verstand beeinflusst. Zwillinge scheuen sich häufig vor Verpflichtungen und versinnbildlichen auch eine jugendliche Haltung. Gegenzeichen: der feurige Schütze.

Krebs

Lat.: Cancer

✶

22. JUNI–22. JULI

Kardinales Wasserzeichen, dargestellt mit starken Scheren. Der Krebs gilt als gefühlsbetont und intuitiv, er schützt seine Empfindlichkeit mit seiner Schale. Sie verkörpert auch die Sicherheit des Krebs-Zuhauses, dem dieses Zeichen verpflichtet ist. Herrscherplanet ist der mütterliche Mond. Gegenzeichen: das Erdzeichen Steinbock.

Löwe

Lat.: Leo

✶

23. JULI–23. AUGUST

Fixes Sonnenzeichen. Der Löwe liebt es zu glänzen. Er ist im Herzen ein Idealist, positiv und über die Maßen großzügig. Löwen-Geborene können vor Stolz brüllen und so zuversichtlich wie kompromisslos sein, mit großem Glauben und Vertrauen in die Menschheit. Herrscherplanet ist die Sonne. Gegenzeichen: der luftige Wassermann.

Jungfrau

Lat.: Virgo

✶

24. AUGUST–23. SEPTEMBER

Veränderliches Erdzeichen. Die Jungfrau gilt als aufmerksam, detailorientiert und häufig selbstgenügsam. Die Jungfrau schöpft aus einem scharfen, nicht selten selbstkritischen Intellekt und ist oft sehr gesundheitsbewusst. Herrscherplanet ist Merkur. Gegenzeichen: das Wasserzeichen Fische.

Waage

Lat.: Libra

✶

24. SEPTEMBER–23. OKTOBER

Kardinales Luftzeichen mit Herrscherplanet Venus. Hier dreht sich alles um Schönheit, Gleichgewicht (dargestellt durch die Waage) und Harmonie in einer eher romantischen, idealen Welt. Mit ihrem Sinn für Ästhetik können Waagen sowohl künstlerisch als auch handwerklich sein. Sie schätzen außerdem Fairness und sind oft sehr diplomatisch. Gegenzeichen: der feurige Widder.

Skorpion

Lat.: Scorpio

✶

24. OKTOBER–22. NOVEMBER

Fixes Wasserzeichen. Entsprechend neigt der Skorpion zu intensiven Gefühlen. Sein Tierkreiszeichen verbindet ihn mit der Wiedergeburt nach dem Tod. Herrscherplaneten sind Pluto und Mars. Wegen seiner starken Spiritualität und tiefen Emotionen braucht der Skorpion Sicherheit, um seine Kraft leben zu können. Gegenzeichen: das Erdzeichen Stier.

Schütze

Lat.: Sagittarius

✶

23. NOVEMBER–21. DEZEMBER

Veränderliches Feuerzeichen, bei dem sich geistig wie körperlich alles um Reisen und Abenteuer dreht. Schützen haben eine direkte Herangehensweise, sind optimistisch und stecken voller Ideen. Sie lieben es, freien Lauf zu haben, neigen aber zu Verallgemeinerungen. Herrscherplanet ist der gutwillige Jupiter. Gegenzeichen: die luftigen Zwillinge.

Steinbock

Lat.: Capricornus

✶

22. DEZEMBER–20. JANUAR

Kardinales Erdzeichen mit Herrscherplanet Saturn. Der Steinbock gilt als harter Arbeiter und wird von der trittsicheren wie verspielten Ziegenart dargestellt. Er ist vertrauenswürdig und scheut sich nicht vor Verantwortung. Oft sind Steinböcke sehr genügsam und haben die Disziplin für selbstständige Berufe. Gegenzeichen: das Wasserzeichen Krebs.

Wassermann

Lat.: Aquarius

✶

21. JANUAR–19. FEBRUAR

Trotz seiner Darstellung als Wassermann ein fixes Luftzeichen. Es wird beherrscht vom unberechenbaren Uranus, der alte Ideen mit innovativem Denken vom Tisch kehrt. Der Wassermann ist tolerant und weltoffen. Ganz auf Menschlichkeit bedacht, hat er soziale, gewissensgeleitete Ideale. Gegenzeichen: der feurige Löwe.

Fische

Lat.: Pisces

✶

20. FEBRUAR–20. MÄRZ

Veränderliches Wasserzeichen, das stark auf seine Umgebung reagiert. Dargestellt durch zwei Fische, die, in entgegengesetzte Richtungen schwimmend, manchmal Fantasie und Realität verwechseln. Von Neptun beherrscht, ist die Welt der Fische fließend, fantasievoll und empathisch. Fische nehmen oft die Stimmungen anderer auf. Gegenzeichen: das Erdzeichen Jungfrau.

Alles
über
den
I.

Widder

Das Zeichen, in dem die Sonne zum Zeitpunkt deiner Geburt stand, ist der ultimative Ausgangspunkt, um deinen Charakter und deine Persönlichkeit durch den Tierkreis zu erforschen.

DEIN SONNENZEICHEN

Kardinales Feuerzeichen, dargestellt durch den Schafbock.

Der Widder wird von Mars beherrscht, der mit dem römischen Kriegsgott assoziiert wird.

GEGENZEICHEN

Waage

LEBENSMOTTO

„Ich bin."

I.

Glücksfarbe

Alle Schattierungen von Rot, im Einklang mit der Energie des Widders und seinem roten Herrscherplaneten Mars. Trage Rot, wenn du einen Boost für deine Seele und eine Extraportion Mut benötigst. Wenn dir das zu gewagt oder auffällig ist, wähle rote Accessoires wie Schuhe, Handschuhe, Socken, Hüte oder sogar Unterwäsche.

II.

Glückstag

Dienstag. Erstaunlicherweise nicht der erste Tag der Woche, obwohl der Widder für Neuanfänge steht. Dienstag ist der Tag des Kriegsgottes Mars, was man am französischen *mardi* besser erkennt.

III.

Glücksedelstein

Diamant und Rubin: starke Edelsteine, die die kardinalen Eigenschaften des Widders widerspiegeln. Diamanten funkeln von innen heraus und Rubine leuchten vor roter Energie, passend für ein Feuerzeichen.

IV.

Orte

Dynamische und arbeitsame Länder wie England, Deutschland, Polen und Zimbabwe sind Beispiele für Widder-dominierte Orte und demnach astrologisch gesehen vorteilhaft. Widder-Städte sind unter anderem Florenz, Neapel und Marseille.

V.

Ferien

Ihre Vorliebe für die Hitze und das Abenteuer sorgt dafür, dass man Widder eher selten auf einer Liege am Strand antrifft. Sie erkunden lieber die Altstadt von Marseille, gehen Wandern in Ladakh, machen Yoga in Santa Fe oder erklimmen die Akropolis in Athen. Wenn sie einmal nicht sportlich aktiv sind, beschäftigen sie ihren Geist gern mit Reise- und Abenteuerbüchern.

VI.

Blumen

Geranien, Mohnblumen und rote Rosen. Wähle diese traditionell roten Blumen, um die Stärke des Widders zu unterstreichen.

VII.

Bäume

Aufgrund seiner manchmal sehr direkten, geradlinigen Art assoziiert man dornige Bäume wie Granatapfel, Akazie oder Schlehdorn mit dem Widder.

VIII.

Haustiere

Hunde sind wahrscheinlich die beste Wahl für Widder, weil sie treu sind und sogar die kleinsten Rassen tägliche Spaziergänge einfordern. Außerdem leisten sie diesem kontaktfreudigen Sternzeichen Gesellschaft und schaffen Gelegenheiten für den Austausch mit anderen.

IX.

Feste

Mit ihrer Vorliebe für Action sind elegante Abendgesellschaften eher weniger attraktiv für Widder – auf Ibiza die Nacht durchtanzen klingt da schon besser. Widder brauchen gar keine zusätzliche Stimulierung, um in Fahrt zu kommen. Die Partystimmung stellt sich ganz von selbst ein – „Es ist Freitag!“ ist Grund genug. Ein Spritz Veneziano, ein Cranberry Mojito oder ein Glas Sangria mit ein paar salzigen Erdnüssen kann als Antrieb für den Abend schon reichen.

Die Eigenschaften des Widders

Die Schlüsselbegriffe für Widder-Geborene sind Unabhängigkeit, Pioniergeist und Extrovertiertheit. Sie sind direkt bis unverblümt und haben in ihrer spontanen Begeisterung und Offenheit gegenüber neuen Ideen und Plänen dennoch etwas Kindliches an sich. Das liegt daran, dass der Widder das erste Tierkreiszeichen ist und damit Neuanfänge und die Geburt des neuen Jahres repräsentiert.

Der Widder als etwas kindliche Natur neigt dazu, Aussagen eher wörtlich zu nehmen und ironische Nuancen zu übersehen, von daher ist Direktheit im Umgang mit ihm oft am besten. Als Feuerzeichen regen Widder häufig Tatendrang und Motivation anderer an, allerdings brauchen sie, genau wie Feuer, ständig neuen Brennstoff in Form von neuen Ideen und Unterstützung, um ihre Pläne auch umzusetzen. Pläne zu schmieden und andere zu inspirieren, ist ein Leichtes für Widder, aber häufig fehlt ihnen die Geduld, an einer Sache dranzubleiben. Genauso kann es ihnen schwerfallen, im Team zu arbeiten, da Widder glauben, alles besser zu wissen – und sie zudem nicht unbedingt mit großem diplomatischem Talent gesegnet sind. Widder sind oft ichbezogen und deswegen auch gern ihr eigener Chef, was sie sehr unternehmerisch macht. Es gelingt ihnen leichter, sich an ihre eigenen Plänen und Ideen zu halten als an die anderer. Aufgaben zu erledigen, kann häufig bedeuten, sie abzugeben – aber wehe dem, der in puncto Sorgfalt nicht nach Widder-Standards arbeitet.

Widder sind freundlich und aufgeschlossen und wollen ihre Interessen ständig mit anderen teilen, sowohl im persönlichen Kontakt als auch über soziale Medien. Anderen Menschen gegenüber sind sie manchmal erstaunlich intuitiv und scharfsinnig und nicht leicht zu täuschen. Ihre Gedanken und Sprache sind meist angenehm offen und direkt. Mit verdeckten Karten zu spielen und Heimlichtuerei – das ist nicht Widder-Art, genauso wenig wie Lügen. Sollten sie doch einmal flunkern, so handelt es sich aller Wahrscheinlichkeit nach eher um eine Notlüge als um grobe Unehrlichkeit; meist ist das, was man von ihnen sieht, auch das, was man bekommt.

Die Kehrseite des Widders kann eine häufig beleidigende Unverblümtheit sein, eine manchmal an Frechheit grenzende Offenheit und eine herrische, oft als tyrannisch empfundene Art. Die feineren Gefühle anderer missachtet er häufig, auch die natürliche Diplomatie seines Gegenzeichens Waage ist nicht seine Stärke.

DAS FEUER MÄSSIGEN

Die charakteristischen Eigenschaften jedes Sonnenzeichens lassen sich durch die Qualitäten anderer Zeichen im gleichen Geburtshoroskop ausgleichen (oder manchmal verstärken), insbesondere durch die seines Aszendenten und Mondes. Aus diesem Grund kann es sein, dass manche Menschen uns sehr untypisch für ihr Sonnenzeichen erscheinen. Allerdings werden die grundlegenden Widder-Eigenschaften trotzdem immer wichtig sein und einen bedeutenden Einfluss auf die Lebenseinstellung von Widder-Geborenen haben.

Körper und Gesundheit

Widder neigen zu schnellen, entschiedenen Bewegungen, was sie oft zu guten Sportlern macht, jedoch sind sie wörtlich wie metaphorisch gesehen eher Sprinter als Marathonläufer, die zwar schnell starten, aber nicht auf die Langstrecke aus sind. Wie Schafböcke, die Kopfstöße austeilen, regieren Widder mit ihrem Kopf, was sie anfällig für Kopfschmerzen und Migräne oder für Kopfverletzungen macht. Ihre Furchtlosigkeit, frei nach dem Motto „Mit dem Kopf durch die Wand", lässt vorsichtigere Sonnenzeichen zusammenzucken, spricht aber für den Mut, der Widder in ihrem Beruf durchaus ins Spitzenfeld bringen kann.

Gesundheit

Weil der Widder den Kopf beherrscht, können ihm Kopfschmerzen und Migräne Probleme bereiten. Dies kann auch passieren, wenn er seine Kräfte zu stark beansprucht. Meist befindet sich seine Energie jedoch in einem gesunden Gleichgewicht und hält ihn stark. Zu lernen, seine Aktivität zu dosieren und es nicht zu übertreiben, ist für den Widder sinnvoll, um plötzliche Energieausbrüche auszugleichen. Allzu aktive Gedanken können zu Sorgen und Ängsten führen; Meditation kann helfen, einem Burn-out vorzubeugen.

Sport und Bewegung

In Fitnessstudios langweilen sich Widder eher, doch können Yoga oder Schwimmen dabei helfen, sich auf ihren Körper zu konzentrieren und das innere Feuer zu beruhigen. Trainingspläne halten sie häufig nicht lange durch. Viele Widder laufen gern – teils, um schneller an ihre Ziele zu gelangen – und Spaziergänge können ihnen als tägliche Bewegung guttun.

So kommuniziert der Widder

Widder lassen sich leicht an ihrer verbalen und nonverbalen Kommunikation erkennen. Sie sind typisch geradeheraus, mit reger Körpersprache und einem direkten Blick. In Besprechungen erwarten sie von anderen die gleiche Entscheidungsfreude, die sie selbst zeigen. Bisweilen fällt es ihnen schwer, die Nuancen und Subtilitäten einer diplomatischeren Herangehensweise ihres Gegenzeichens Waage zu verstehen, die sie häufig als Verzögerung empfinden. Da sie aber manchmal erstaunlich intuitiv gegenüber anderen sind, können sie, wenn sie ihre Ungeduld zügeln, dabei helfen, die Dinge voranzutreiben, wenn auch durch cleveres Delegieren. Wenn sie sich ihrer Neigung zu blindem Eifer bewusst werden, kommen Widder häufig besser zurecht: Sie lernen, den Pause-Knopf zu drücken und anderen aktiv zuzuhören. Manchmal ist ein Umweg der schnellere Weg zum Ziel – alles eine Frage der richtigen Balance.

Berufe für den Widder

Die wettbewerbsorientierten und körperbetonten Widder finden ihre Berufe oft im Sportbereich und da nicht nur im aktiven Sport, sondern auch in damit verbundenen Feldern wie Sportjournalismus oder als Kommentator*innen. Ihre Detailgenauigkeit führt sie oft auch in andere journalistische Bereiche oder in Berufe, die gute Entscheidungsfähigkeit erfordern, wie zum Beispiel Arzt. In einer staubigen Bibliothek bei jahrelanger Recherchearbeit sind Widder selten anzutreffen, da sie eher handlungs- und zielgerichtet als detailversessen sind. Auch militärische Berufe können für die von Kriegsgott Mars beeinflussten Widder attraktiv sein, genauso wie andere herausfordernde, risikoreiche Berufe, die starke Nerven erfordern.

Ihre intuitive und wegweisende Herangehensweise macht Widder zu guten Anführer*innen, die mit ihren kühnen Ideen inspirieren. Sehr häufig brauchen sie jedoch andere für die Detailarbeit und um Ergebnisse zu liefern. Man trifft Widder daher oft in traditionellen Führungspositionen, wo eine kluge Aufgabenverteilung gefragt ist, oder in Start-ups, in denen ihr Unternehmergeist aufblühen kann.

So tickt der Widder

Von Liebhaber*innen bis zu Freund*innen: Wie kommt der Widder mit anderen Sternzeichen zurecht? Das Wissen über andere Zeichen und deren Zusammenspiel kann in der Beziehungsarbeit hilfreich sein, indem es Eigenschaften der Sonnenzeichen offenbart, die harmonieren oder sich reiben können. Dies durch die astrologische Lupe zu verstehen, entpersonalisiert oft potenzielle Reibungspunkte und kann dem, was scheinbar kontrovers läuft, den Stachel nehmen.

Beziehungen harmonisch zu führen, muss der ungeduldige Widder häufig erst lernen. Zum Teil hängt dies auch davon ab, welche anderen planetarischen Einflüsse in seinem Geburtshoroskop mitspielen und Aspekte seiner Sonne abschwächen oder verstärken – insbesondere solche, die manchmal kollidieren.

Die Widder-Frau

Widder-Frauen sind meist unkomplizierte Freundinnen und Liebespartnerinnen. Wenn die Widder-Frau dich mag, wirst du es merken, aber auch, wenn es vorbei ist. Sie ist treu, aber nicht sentimental. Oft zählt sie Ex-Liebhaber*innen zu ihrem Freundeskreis, da sie nicht nachtragend ist und die in ihren Augen positiven Eigenschaften anderer stets wertschätzt.

BERÜHMTE WIDDER-FRAUEN

Scarlett O'Hara mag eine fiktive Person sein, aber mit ihrer optimistischen Grundeinstellung – „Morgen ist auch noch ein Tag!" – und ihrer Treue zu ihren Wurzeln verkörpert sie die Widder-Frau, genau wie die Schauspielerinnen Lily James, Emma Thompson und Saoirse Ronan, die Sängerin Lady Gaga, die Schriftstellerin und Lyrikerin Maya Angelou und die Schmuckdesignerin Paloma Picasso.

Der Widder-Mann

Wie die Widder-Frau kann auch der Widder-Mann fast schon zu treu sein, und wenn du „die*der Eine“ bist, erwartet er, dass er in deinem Leben denselben Platz einnimmt. Sein Freiheitsdrang wird es ihm jedoch schwermachen, sich fest zu binden, bis er sich deiner hundertprozentig sicher ist – wenn es aber so weit ist, wirst du auch das mit Sicherheit merken.

BERÜHMTE WIDDER-MÄNNER

Ihre freigeistige Energie wirkt charismatisch, sie treten oft dynamisch auf und gehen die Dinge direkt an: Gefühlvoll und sexy verkörpert der Schauspieler Marlon Brando den typischen Widder-Mann. Andere berühmte Widder sind der Sänger Pharrell Williams, Robert Downey Jr., James Franco und Russell Crowe.

Wer lieb

wen?

Widder & Widder

Ihre Verbindung mag leidenschaftlich sein, allerdings kann es bei den beiden Dickköpfen auch ein wenig Gerangel um den „ersten Platz“ geben. Am besten funktioniert die Kombination, wenn es beiderseitig anderweitige Interessen gibt und Raum für Unabhängigkeit im Beruf und im Sozialleben.

Widder & Stier

Der beständige, erdverbundene Stier fühlt sich zum Feuer des Widders hingezogen, findet dessen Unabhängigkeit aber oft schwierig. Der Widder wiederum braucht etwas länger, um die Verlässlichkeit des Stieres schätzen zu lernen. Stetes Geben und Nehmen ist gefragt.

Widder & Zwillinge

Luft kann Feuer entfachen, was den dynamischen Widder und die einfallsreichen Zwillinge sofort kompatibel macht. Und weil beide gern reden, werden sie höchstens um Aufmerksamkeit konkurrieren, aber nie voneinander gelangweilt sein.

Widder & Krebs

Die sexuelle Anziehung zwischen Feuer und Wasser kann bei diesen Zeichen aufregend sein. Der Widder könnte jedoch die defensive Neigung des Krebses als hemmend empfinden, während seine Häuslichkeit ihn ihm Fluchtgedanken wecken könnte.

Widder & Löwe

Zwei feurige, offenherzige Sternzeichen, die ein tolles Paar abgeben können, solange genug Platz für ihre beiden Egos bleibt. Dabei spielerisch zu bleiben, kann helfen und eine gute Portion gegenseitiger Bewunderung macht beide glücklich.

Widder & Jungfrau

Keine einfache Kombination: Der Widder kann die Ordnungsliebe der Jungfrau als einschränkend empfinden, während diese die Spontaneität des Widders mit Argwohn betrachtet. Wenn man das berücksichtigt, können beide jedoch viel voneinander profitieren.

Widder & Skorpion

Die besitzergreifende Tendenz des Skorpions kann die freigeistige Leidenschaft des Widders dämpfen. Die Chemie zwischen ihnen stimmt jedoch aufgrund ihrer spürbaren körperlichen Kompatibilität. Auf Basis gegenseitiger intellektueller Wertschätzung kann dies gut funktionieren.

Widder & Waage

Die friedliche, diplomatische Waage könnte die Aktionslust und Konfrontationsfreude des Widders schwierig finden, aber ihre luftige Unbekümmertheit kann sein Feuer entfachen und sogar langfristig für eine starke, unkonventionelle Anziehung sorgen.

Widder & Schütze

Wie es bei temperamentvollen Paaren häufig der Fall ist, passen auch diese beiden Feuerzeichen hervorragend zusammen. Wenn die Chemie im Bett stimmt, läuft die Beziehung wahrscheinlich reibungslos, da beide eher optimistisch, spontan und aufrichtig sind.

Widder & Wassermann

Die beiden Zeichen können ihr gegenseitiges Bedürfnis nach Unabhängigkeit würdigen, was sie kompatibel macht. Allerdings kann die Unbekümmertheit des Wassermanns selbst für den spontanen Widder etwas zu unkalkulierbar sein.

Widder & Fische

Mit etwas Feingefühl vonseiten des Widders kann eine fruchtbare Beziehung entstehen: Die Fische können von dem robusten Gegenpart zu ihrer träumerischen Lebensart profitieren, die wiederum für den Widder sehr verführerisch sein kann.

Widder & Steinbock

Widder sind dem praktisch veranlagten Steinbock fast ein wenig zu unkonventionell, aber der feurige Widder kann viel Kraft aus dieser erdigen Beziehung schöpfen, die Potenzial für gegenseitigen Respekt und eine sinnliche Bindung bietet.

Love-o-meter für den Widder

Perfekter Treffer:
korpion
Steinbock
Löwe
Fische
Zwillinge
Schütze

Die 

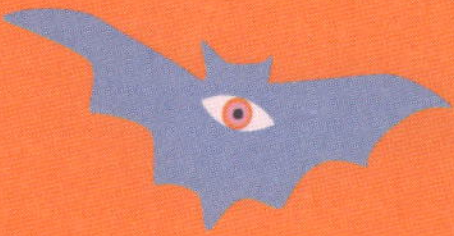

welt des

II.

widders

Dieser Abschnitt führt dich tiefer in die Welt deines Sonnenzeichens. Du erfährst, wie es dich antreiben oder zurückhalten kann, und du kannst anfangen, darüber nachzudenken, wie du dieses Wissen für dich nutzen möchtest.

So wohnt der Widder

Für Widder ist ihr Zuhause ihr Königreich, zugleich verlassen sie es aber ständig, um auf der Suche nach Ruhm, Reichtum oder Abenteuern in die Welt hinauszuziehen. Ein Widder-Zuhause wirkt manchmal eher zweckmäßig und sogar minimalistisch. Widder haben zwar eine Vorliebe für schöne Dinge, aber eher im Stil des Widder-Architekten William Morris, der sagte: „Habe nichts in deinem Haus, von dem du nicht weißt, dass es nützlich ist, oder von dem du glaubst, dass es schön ist."

Auch wenn im Widder-Heim eher monochrome Farbtöne vorherrschen, sind Tupfer von Rot nicht unwahrscheinlich, zum Beispiel in Form einer Kaffeekanne oder anderem Geschirr, roter Vorhänge, Kissenbezügen oder sogar einer einladenden roten Eingangstür.

So gern sie ihr Zuhause verlassen, kommen Widder doch auch immer gern zurück, weil sie dort neue Energie und Kraft für ihr Leben draußen in der Welt tanken. Im Mittelpunkt ihres Heims kann es durchaus echtes Feuer geben, das ihre feurige Energie widerspiegelt, wie in einem offenen Kamin oder einem Holzofen.

TIPPS FÜR DIE WIDDER-SELBSTFÜRSORGE

- Gleiche deinen Widder-typischen Überschwang mit erholsamen Yoga-Übungen aus.
- Regelmäßige, zuckerarme Snacks wie Nüsse oder Haferkekse helfen, dein Energielevel konstant zu halten.
- Schaffe dir eine Abendroutine, die deinen Schlaf verbessert.

Selbstfürsorge

Selbstfürsorge fällt Widdern nicht immer leicht, nicht zuletzt deshalb, weil ihr Enthusiasmus manchmal dazu führt, sich zu übernehmen, was in einem Burn-out enden kann. Widder sind meist kräftig und gesund, weshalb sie dazu neigen, dies als selbstverständlich anzusehen und zu sehr auszunutzen. Sie erwarten von sich selbst ewige Jugend und Abenteuerlust: Der 60-Jährige, der skateboarden lernt, ist mit hoher Wahrscheinlichkeit ein Widder. Über einem neuen Projekt vergessen Widder auch gern einmal zu essen, genug zu schlafen oder Pausen einzulegen.

Hinsichtlich neuer Ernährungs- oder Sporttrends können Widder oft etwas fanatisch werden – ob Pilates oder Gewichtheben, eine Paleo-Diät oder Veganismus – und es dann aber übertreiben, sich langweilen und schließlich aufgeben. Diese Tendenz zum schnellen Resignieren fördert nicht unbedingt die körperliche und psychische Gesundheit. Wenn sie sich dessen bewusst sind, lassen sie sich häufig davon überzeugen, etwas Routine in ihren Alltag zu bringen, um ihr Energielevel zu halten. Kleinere und erreichbarere Ziele für eine bessere Gesundheit und Fitness mögen langweilig klingen, lohnen sich aber auf lange Sicht.

DIE WIDDER-SPEISEKAMMER

* Getrocknete Chilis, die deine Tomatensauce aufpeppen.
* Süße Gemüsepaprika gegen schlechte Stimmung und brauner Reis für mehr Energie.
* Rote-Bete-Saft, um die Verdauung und die Leber zu unterstützen.

Kochen und Essen

Essen hat einen hohen Stellenwert für Widder mit ihrem enormen Energieverbrauch und sie sind oft kompetente, wenn auch spontane Köche. Sie haben meist weniger Lust auf Haute Cuisine, sondern zaubern lieber Dinge wie Steaks oder herzhafte Eintöpfe auf den Tisch. Als Feuerzeichen stört sie die Hitze der Küche nicht, allerdings kann ihre Ungeduld Arbeiten wie das sanfte Rühren eines Risottos zu einer etwas lästigen Pflicht machen. Seine Vorliebe für kräftig gewürztes oder sogar scharfes Essen lässt den Widder gern Currys, eine ehrliche Tomatensuppe oder gehaltvolle Braten auftischen. Der gesellige Widder kocht gern für Familie und Freund*innen und betrachtet Essen nicht als bloße Nahrungsaufnahme, sondern als etwas, das man großzügig teilen und genießen sollte.

TIPPS FÜR DEN UMGANG MIT GELD

- Erstelle einen regelmäßigen Sparplan, der sich deinen Einnahmen automatisch anpasst.
- Pass auf, dass du nicht zu großzügig mit deinem Geld umgehst, wenn es gerade gut läuft.
- Stell sicher, dass du dir risikoreiche Investitionen auch wirklich leisten kannst.

Widder und das liebe Geld

Gut zu verdienen, fällt den hart arbeitenden Widdern in der Regel nicht schwer. Aber da sie stets im Moment leben, liegt ihnen Sparen für schlechtere Zeiten nicht im Blut. Risikobereit wie sie sind, kann auch Spekulieren für sie zum Problem werden, sei es, wenn sie Lotterielose kaufen oder hohe Kredite aufnehmen. Da zu ihren Führungsqualitäten aber auch Geschick bei Entscheidungen gehört, zahlen sich auch Spekulationen, wenn sie ausreichend gut überlegt sind, oft aus – und meist weniger durch Glück als durch harte Arbeit.

Als erstes Zeichen des Tierkreises können Widder mit den damit verbundenen Risiken sehr unternehmerisch veranlagt sein und ihre Energie kann auch motivierend auf Teams wirken und sie in Großunternehmen erfolgreich machen. Widder vergnügen sich genauso gern, wie sie arbeiten, was sie oft zu großzügig sein lässt. Sie zahlen gern für alle, um Erfolge zu feiern, und sind dann vielleicht enttäuscht, wenn sich andere nicht in gleicher Weise revanchieren.

Der Widder und seine Vorgesetzten

Aufgrund ihrer rechthaberischen Art fällt es Widdern manchmal etwas schwer, sich nach den Wünschen und Anordnungen ihrer Vorgesetzten zu richten. Allerdings sind sie auch mit einer guten Portion Intuition gesegnet. Wenn sie also pfiffig sind, halten sie sich zurück und stellen stattdessen mit ein paar klugen Fragen die Aufgabenstellung klar, bevor sie die Dinge mit ihrer Widder-typischen Energie angehen. Das ist wichtig, da Widder dazu neigen zu handeln, ohne vorher darüber nachzudenken, und davon auszugehen, alles besser zu wissen als andere. Manchmal ist das auch der Fall, allerdings machen Widder die Dinge gern auf ihre eigene Art, was dann nicht unbedingt das Ergebnis bringt, das die Vorgesetzten sich erwartet hatten.

Trotz allem können Widder gute Teamplayer sein, selbst wenn sie das Team am liebsten anführen. Ihre unerschöpfliche Energie kann dabei andere wunderbar motivieren. Wenn die Egos ihrer Vorgesetzten sich von einem*r beherzten Mitarbeiter*in nicht infrage gestellt fühlen, werden alle gut zusammenarbeiten. An dieser Stelle kann sich die Widder-typische Intuition auszahlen und sie in Kombination mit ihrem Arbeitseinsatz zu geschätzten Kolleg*innen machen – bis sie selbst zum*r Chef*in befördert werden!

TIPPS FÜR DEN UMGANG MIT VORGESETZTEN

- Drücke die Pause-Taste, höre auf das, was gesagt wird, mach dir Notizen und geh das Briefing noch einmal durch, bevor du loslegst.
- Zügele dich ein wenig und gib anderen die Zeit, deine Ideen zu verstehen.
- Liefere das ab, was du versprochen hast, ohne anderen Probleme zu bereiten.

TIPPS FÜR EIN LEICHTERES LEBEN

- Gib dem Geben-und-Nehmen Raum, das für ein harmonisches Leben notwendig ist.
- Entschleunige ausreichend lange, um dein Zuhause genießen zu können.
- Erledige lästige Arbeiten, ohne dich ablenken zu lassen.

Wie lebt es sich mit dem Widder?

Widder gehören zu den direktesten Sonnenzeichen. Zu sagen, was man denkt und fühlt, kann für Beziehungen im häuslichen Miteinander von Vorteil sein, egal ob bei Mitbewohner*innen oder Liebespartner*innen. Sensiblere Mitmenschen könnten dies jedoch als rücksichtslos empfinden. Widder bitten andere selten um etwas, das sie nicht auch selbst erledigen würden, doch wollen sie dann, dass die Dinge auf ihre Art erledigt werden. Und weil sie zu Ungeduld neigen, spülen sie oft lieber selbst ab, anstatt abzuwarten, bis es jemand anderes tut, weil es dann schneller erledigt ist. Das Gute daran? Sie werfen das selten jemandem vor, der ihnen wirklich am Herzen liegt.

Widder können in Sachen Organisation etwas „hoppladihopp" sein, was sorgfältigeren Mitbewohner*innen eventuell sauer aufstößt. Ihre stürmischen Energieschübe lassen sie oft viel in kurzer Zeit erledigen – solange ihre Aufmerksamkeitsspanne hält, was für friedlichere oder kleinlichere Seelen schwierig sein kann. Die wenig sentimentalen Widder werfen auch gern Sachen weg, die sie für Gerümpel halten, die sich aber als geliebte Schätze eines anderen entpuppen. Das kann Unmut hervorrufen, weswegen Widder immer zuerst rückfragen sollten – nur um sicherzugehen.

Widder und Trennungen

Weil Widder so treu sind, können sie oft nur schwer loslassen, selbst wenn die Trennung von ihnen ausging. Das kann dazu führen, dass sie auf Biegen und Brechen Freunde bleiben wollen und nicht verstehen, warum ein*e Expartner*in sie vielleicht nie wieder sehen will. Wenn Widder die Zurückgewiesenen sind, sind sie verletzt, oft überrascht und wollen verstehen, warum, auch wenn die Wahrheit vielleicht noch schmerzhafter ist. Widder sind jedoch meist nicht nachtragend, da sie im Grunde wissen, dass sie, wenn sie bereits einmal geliebt wurden und geliebt haben, wieder lieben können. Von Natur aus optimistisch, glauben sie daran, dass es nur eine Frage der Zeit ist, bis ihre nächste große Liebe am Horizont erscheint.

TIPPS FÜR EINE LEICHTERE TRENNUNG

- Versuche, nicht rücksichtslos zu sein, indem du bei einer Trennung zu direkt bist.
- Nimm dir Zeit, Gefühle zu verarbeiten, bevor du weiterziehst, egal ob das Erleichterung, Traurigkeit oder Wut ist.
- Gib auch Expartner*innen genug Zeit, sich zu erholen, bevor du versuchst, Freunde zu werden.

So will der Widder geliebt werden

Mit ihrer fast schon zu direkten Art erwarten Widder, so geliebt zu werden, wie sie sind. Oft tragen sie ihr Herz auf der Zunge, was sie erstaunlicherweise auch verletzlich macht, obwohl sie ein kämpferisches Feuerzeichen sind. Flirts liegen den alles eher wörtlich nehmenden Widdern nicht und zu viel Zweideutigkeit kann sie verwirren. Sie funktionieren auf der Basis von „Was du siehst, ist was du bekommst" und sind damit manchmal zu offensiv für Menschen, die dies als zu fordernd empfinden. Auf sanftere Seelen wirkt dies häufig abschreckend. Treue steht bei Widdern jedoch hoch im Kurs, und wenn sie ihr Herz einmal verschenkt haben, erwarten sie, dass dies auch erwidert wird. Wenn nicht, kann ihre Enttäuschung zu einem schnellen Beziehungsende führen. Widder geben ihren Partner*innen dann vielleicht eine zweite Chance, aber selten eine dritte.

Weil Widder meist sagen, was sie wollen, und nicht erwarten, dass du es erraten musst, kannst du bei ihnen leicht herausfinden, wie sie geliebt werden wollen. Das Einzige, worauf du achten solltest, ist, dass Widder Herausforderungen suchen, trotz ihres Wunsches nach Treue und Verbindlichkeit und ihrem Misstrauen gegenüber Verführer*innen. Was sie also wirklich wollen, ist die Sicherheit einer festen Beziehung, kombiniert mit dem Nervenkitzel einer kleinen Unberechenbarkeit, die ihren Status quo herausfordert.

Allzu nachgiebige Partner*innen sind aber nichts für Widder. Sie erwarten, dass du ihnen die Stirn bietest, auch wenn sie sich durchsetzen wollen, und scheuen keine Konfrontation, selbst wenn sie diese eigentlich nicht mögen. Widder schmollen meist nicht lange und sind auch nicht nachtragend, und sich nach einem Streit zu küssen und wieder zu vertragen, ist dadurch umso schöner. Was heißt das unterm Strich? Solange Widder sich fest liiert fühlen, wollen sie absolute Treue und Bewunderung, wofür sie allerdings keine ständige räumliche Nähe brauchen. Sie vertrauen dir, bis die Umstände oder ihre Intuition ihnen davon abraten; dann werden sie argwöhnisch oder beenden abrupt die Beziehung. Widder erwarten auf Nachrichten und Anrufe eine sofortige Antwort, fast wie kleine Kinder, die Aufmerksamkeit fordern, doch belohnen sie stets Gleiches mit Gleichem, was sie zu einem der am einfachsten zu liebenden Sonnenzeichen macht.

TIPPS FÜR DIE LIEBE ZUM WIDDER

- Es mag widersprüchlich scheinen, aber Widder brauchen sowohl Freiheit als auch Sicherheit.
- Sie scheuen Streit nicht, weil sie sich umso lieber wieder versöhnen.
- Mit Widdern zu flirten, kann schwierig sein, da sie Aussagen manchmal zu wörtlich verstehen.

Widder und Sexualität

Sex ist für Widder eine unkomplizierte Angelegenheit und hängt nicht zwingend damit zusammen, geliebt zu werden. Sie sind nicht promiskuitiv, können aber Sex um seiner selbst willen genießen, mit einem*r Lebenspartner*in, einem*r guten Freund*in und auch mit einer flüchtigen Affäre. Ihren Körper sehen sie als Verbündeten an und stehen zu ihm, egal wie er gebaut ist. Flutlicht im Schlafzimmer muss vielleicht nicht sein, aber sie sehen ihre*n Partner*in gern an, gehen auf sie*ihn ein und genießen ihr*sein Vergnügen wie ihr eigenes.

So selbstbewusst, wie er ist, wenn es darum geht, seine sexuellen Bedürfnisse zu befriedigen, kann der Widder manchmal etwas zu fordernd oder dominant wirken. Seine sexuelle Energie zeigt sich oft in der Art, wie er sich bewegt und kommuniziert, was ein attraktives körperliches Selbstbewusstsein ausstrahlt. Die abenteuerlustigen Widder sind auch beim Sex eher unberechenbar: Sexspielzeug gehört häufig dazu, genauso wie Verspieltheit und Rollenspiele im Schlafzimmer nicht überraschen sollten.

III. Mehr

Astro-wissen

Dein Sonnenzeichen zeigt dir nie das ganze Bild. In diesem Abschnitt erfährst du, wie du weitere Details deines Geburtshoroskops lesen kannst. Damit öffnest du astrologisch neue Fenster.

Dein Geburts-horoskop

Dein Geburtshoroskop ist ein Schnappschuss eines Moments an einem bestimmten Ort zum genauen Zeitpunkt deiner Geburt. Es gilt demnach nur für dich und ist völlig einzigartig. Es ist wie eine Blaupause, eine Landkarte oder eine Aussage über Begebenheiten, die mögliche Charakterzüge und Einflüsse abbilden – aber es ist nicht dein Schicksal. Dein Geburtshoroskop ist nur ein symbolisches Instrument, auf das du dich beziehen kannst, basierend auf den Planetenkonstellationen bei deiner Geburt. Wer keinen Astrologen aufsuchen mag, kann sich sein Geburtshoroskop in wenigen Minuten online erstellen lassen (siehe auch S. 108). Wenn du deine genaue Geburtszeit nicht kennst, reichen das Datum und der Geburtsort zum Erstellen einer ersten, groben Vorlage.

Denke daran, dass in der Astrologie nichts per se gut oder schlecht ist, wie es auch keine expliziten Zeitangaben oder Vorhersagen gibt: Es ist alles eher eine Frage der Einflüsse und wie sich diese positiv oder negativ auswirken könnten. Und wenn wir eine gewisse Einsicht haben und Instrumente, mit denen wir uns unseren Umständen und unserer Umgebung annähern, sie sehen oder interpretieren können, gibt uns das etwas an die Hand, mit dem wir arbeiten können.

Wenn du dein Geburtshoroskop liest, hilft es, zunächst die Mittel der Astrologie zu betrachten, die dir zur Verfügung stehen. Dazu gehören nicht nur die zwölf Zeichen und das, was sie symbolisieren, sondern auch die zehn Planeten, mit denen die Astrologie arbeitet, und deren Eigenschaften sowie die zwölf Häuser und ihre Bedeutung. Einzeln sind diese Instrumente nur von flüchtigem Interesse, aber wenn man anfängt zu sehen, wie sie eventuell nebeneinanderstehen, wird das größere Ganze zugänglicher und man beginnt, Einsichten zu gewinnen, die nützlich sein können.

Allgemein steht jeder Planet für eine andere Energie. Die astrologischen Zeichen schlagen die Art und Weise vor, in denen sich diese Energien ausdrücken können, und die Häuser stellen Erfahrungsfelder dar, in denen dieser Ausdruck wirksam werden kann.

Als Nächstes kommen die Positionen der Zeichen an vier Schlüsselstellen ins Bild: der Aszendent und sein Gegenüber, der Deszendent; die Himmelsmitte (lat.: *Medium coeli*, kurz MC) und ihr Gegenüber, das *Imum coeli* (IC); dazu die Aspekte, die durch Gruppierungen von Zeichen und Planeten entstehen.

Jetzt kannst du sehen, wie hintergründig das Lesen eines Horoskops sein kann, wie unendlich in seiner Vielfalt und überaus individuell. Mit diesem Wissen und einem praktischen Verständnis für die Symbolik und die Einflüsse der Zeichen, Planeten und Häuser deines Profils kannst du beginnen, diese Instrumente als Hilfe bei Entscheidungen und anderen Lebensaspekten heranzuziehen.

Das Horoskop lesen

In deinem von Hand oder per Onlineprogramm angefertigten Geburtshoroskop siehst du einen Kreis, unterteilt in zwölf Segmente. An verschiedenen Punkten sind Informationen gebündelt. Sie geben die Position jedes Tierkreiszeichens an, in welchem Segment es steht und auf wie viel Grad. Unabhängig von den personenspezifisch relevanten Merkmalen ist jedes Horoskop nach dem gleichen Muster aufgebaut, wenn es um die Auslegung geht.

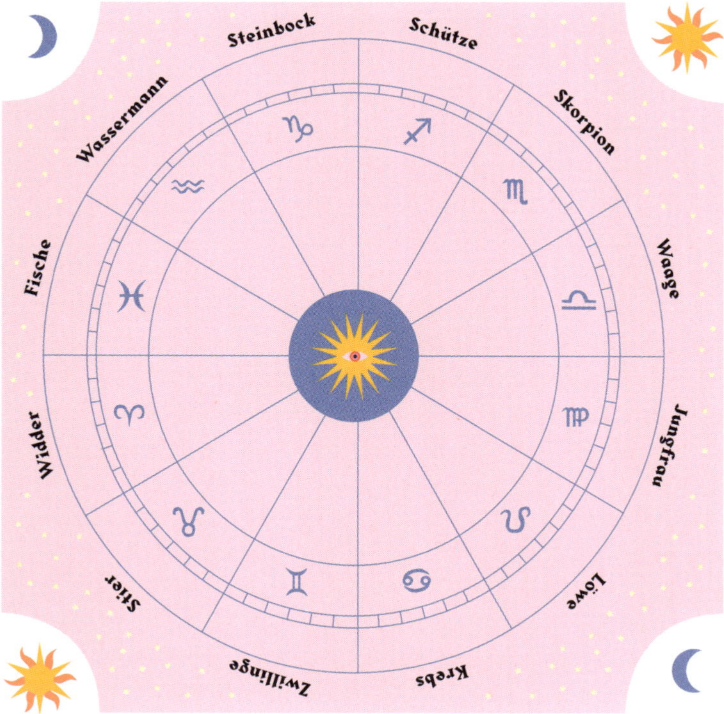

Auf Grundlage von Geburtszeit, Geburtsort und den Planetenkonstellationen zu diesem Zeitpunkt wird das Geburtshoroskop erstellt, auch Radixhoroskop genannt.

Wenn man sich das Horoskop als Ziffernblatt vorstellt, beginnt das erste Haus (siehe S. 95–99) an der 9. Von diesem Punkt aus wird das Horoskop gegen den Uhrzeigersinn durch alle zwölf Kreissegmente hindurch bis zum zwölften Haus gelesen.

Der Anfangspunkt, die 9, ist auch der Punkt, in dem die Sonne bei deiner Geburt aufging. Dies zeigt dir deinen Aszendenten, dein aufsteigendes Zeichen. Gegenüber, an der 3 des Ziffernblatts, liegt dein absteigendes Zeichen, der Deszendent. Deine Himmelsmitte, das MC, liegt auf der 12, ihr Gegenüber, das IC, auf der 6 (siehe S. 101–102).

Wenn wir die Bedeutung der Eigenschaften der astrologischen Zeichen und Planeten, ihre jeweiligen Energien und Positionen sowie die Aspekte zwischen ihnen verstehen, kann dies helfen, uns selbst und die Beziehung zu anderen zu begreifen. Auch im täglichen Leben hilft astrologisches Grundwissen, die wechselnden Planetenkonfigurationen und ihre Auswirkungen besser einzuordnen, genau wie die wiederkehrenden Muster, durch die Chancen und Möglichkeiten mal verringert und mal vermehrt werden können. Mit diesen Einflüssen zu leben und nicht gegen sie, kann das Leben leichter und letztlich auch erfüllter machen.

Der Mondeffekt

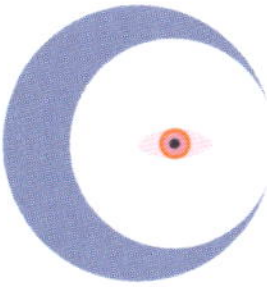

Wenn dein Sonnenzeichen dein Bewusstsein, deine Lebenskraft und deinen individuellen Willen symbolisiert, dann steht der Mond für die Seite deiner Persönlichkeit, die du eher geheim oder versteckt hältst. Er ist das Reich des Instinkts, der Intuition, der Kreativität und des Unbewussten, das dich emotional an neue, manchmal nur schwer zu verstehende Orte führt. Dieser Effekt verleiht einer Person Feinheiten und Nuancen, weit über ihr Sonnenzeichen hinaus. So magst du deine Sonne im Widder haben, mit allem, was das bedeutet, doch gleicht ihn vielleicht ein empathischer und gefühlvoller Mond im Krebs aus. Oder du hast deine Sonne im offenherzigen Löwen, aber den Mond im Wassermann, mit all seiner rebellischen, emotionalen Distanziertheit.

Die Mondphasen

Der Mond kreist in rund 28 Tagen um die Erde. Wie viel wir von ihm sehen, hängt davon ab, wie viel Sonnenlicht er reflektiert. Dadurch scheint er zu- und abzunehmen. Bei Neumond beleuchtet die Sonne nur ein kleines Stück. Je mehr er zunimmt, desto mehr Licht reflektiert er. Er wird von der Sichel zum zunehmenden Sichelmond und zum ersten Viertel; dann zum zunehmenden Dreiviertelmond und zum Vollmond. Danach nimmt er ab, erst zum abnehmenden Dreiviertelmond, dann zum letzten Viertel. Der Zyklus beginnt erneut. All dies geschieht in einem Zeitraum von vier Wochen. In manchen Kalendermonaten gibt es sogar zwei Vollmonde – *Blue Moon* heißt der zweite im Englischen.

Der Mond bewegt sich jeden Monat auch durch ein neues Tierkreiszeichen, wie wir von unserem Geburtshoroskop wissen. Auch dies bringt uns Informationen: Ein Mond im Skorpion kann ganz anders wirken als ein Steinbock-Mond und je nach dem persönlichem Horoskop kann dies monatlich einen wechselnden Einfluss haben. Wenn in deinem Geburtshoroskop der Mond zum Beispiel in der Jungfrau steht, wird der tatsächliche Mond einen zusätzlichen Einfluss bringen, wenn er in die Jungfrau wandert. Weitere Informationen hierzu findest du auf den Seiten zu den Tierkreiszeichen (siehe S. 12–17).

Der Mondzyklus hat einen energetischen Effekt, den man gut an den Gezeiten erkennen kann. Da der Mond ein Fruchtbarkeitssymbol ist und für unsere tiefere, psychologische Seite steht, können wir dies aus astrologischer Sicht nutzen, um uns eingehender und kreativer auf die Lebensaspekte zu konzentrieren, die uns wichtig sind.

Eklipsen

Allgemein gesagt verschleiert eine Eklipse (Finsternis) Situationen und verhindert, dass Licht auf sie fällt. Astrologisch gesehen ist hierbei wichtig, wo Sonne oder Mond zum Zeitpunkt der Eklipse im Verhältnis zu anderen Planeten stehen. So wird eine Sonnenfinsternis in den Zwillingen einen Zwillinge-Einfluss mit sich bringen oder Zwillinge beeinflussen.

Wenn ein Lebensbereich versteckt oder ins Licht gerückt wird, ist dies eine Einladung, ihm Aufmerksamkeit zu schenken. Bei Eklipsen geht es im Allgemeinen um den Anfang oder das Ende einer Sache. Früher hielt man sie für Omen, wichtige Zeichen, die man beachten musste. Da man Eklipsen berechnen kann, werden sie astronomisch kartiert. Ihre astrologische Bedeutung kann somit im Voraus eingeschätzt werden und man kann deshalb auch im Voraus darauf reagieren.

Die zehn Planeten

In der Astrologie sprechen wir von zehn Planeten (allerdings nicht in der Astronomie, da die Sonne eigentlich ein Stern ist). Jedem Sternzeichen ist ein Herrscherplanet zugeordnet; Merkur, Venus und Mars regieren je zwei Zeichen. Die Eigenschaften der Planeten beschreiben diejenigen Einflüsse, die auf die Zeichen wirken können. Die Gesamtheit dieses Wissens fließt in die Auslegung eines Geburtshoroskops ein.

Sonne

Verkörpert das Männliche. Sie gilt als lebensentfachende Energie, was auf eine väterliche Energie im Geburtshoroskop hindeutet. Die Sonne symbolisiert unser Selbst oder unseren Wesenskern und unsere Bestimmung.

Herrscher von Löwe

Mond

Dieses Zeichen formt ein Gegenprinzip zur Sonne und bildet ein Paar mit ihr. Er verkörpert das Weibliche und steht für Geborgenheit und Empfänglichkeit und dafür, wie wir instinktiv und gefühlsmäßig reagieren.

Herrscher von Krebs

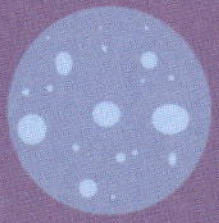

Merkur

Der Planet der Kommunikation. Symbolisiert den Drang, die Gedanken durch Worte zu verstehen und mitzuteilen.

Herrscher von Zwillinge und Jungfrau

Venus

Der Planet der Liebe. Hier geht es um Anziehung, Verbundenheit und Lust. Im Horoskop einer Frau symbolisiert er ihren weiblichen Stil, im Horoskop eines Mannes seine*n ideale*n Partner*in.

Herrscher von Stier und Waage

Mars

Dieser Planet symbolisiert Energie pur (Mars ist der Gott des Krieges), zeigt aber auch, in welchen Bereichen wir am ehesten durchsetzungsfähig, aggressiv oder risikobereit sind.

Herrscher von Widder und Skorpion

Saturn

Wird manchmal der weise Lehrer oder Lehrmeister der Astrologie genannt. Er symbolisiert gelernte Lektionen und Grenzen und zeigt uns den Wert von Entschlossenheit, Zähigkeit und Widerstandsfähigkeit.

Herrscher von Steinbock

Jupiter

Der größte Planet unseres Sonnensystems. Symbolisiert Freigebigkeit und Wohltätigkeit, alles, was expansiv und heiter ist. Wie bei dem Zeichen, über das er herrscht, geht es auch darum, sich auf Reisen und Erkundungen von zu Hause wegzubewegen.

Herrscher von Schütze

Uranus

Symbolisiert das Unerwartete, neue Ideen und Innovation; den Drang, das Alte niederzureißen und das Neue einzuführen. Der Nachteil kann eine Unfähigkeit sein, sich einzufügen, und somit das Gefühl, ein Außenseiter zu sein.

Herrscher von Wassermann

Pluto

Dem Hades (lat.: *Pluto*), Gott der Unterwelt oder Toten, zugeordnet, übt dieser Planet eine mächtige Kraft aus, die unter der Oberfläche liegt und die in ihrer negativsten Ausprägung für Obsessionen und zwanghaftes Verhalten stehen kann.

Herrscher von Skorpion

Neptun

Mit dem Meer verbunden, steht er für die unterhalb liegenden Dinge, unter Wasser und zu tief, um klar erkannt zu werden. Sensibel, intuitiv und künstlerisch, symbolisiert er die Fähigkeit, bedingungslos zu lieben, zu verzeihen und zu vergessen.

Herrscher von Fische

Die vier Elemente

Die Unterteilung der zwölf Sternzeichen in die Elemente Erde, Feuer, Luft und Wasser liefert noch weitere Eigenschaften. Sie wurzelt in der altgriechischen Medizin, die lehrte, dass der Körper aus vier Körperflüssigkeiten oder „-säften“ bestand: Blut, gelbe und schwarze Gallenflüssigkeit sowie Schleim. Sie entsprachen den vier Temperamenten sanguinisch, melancholisch, cholerisch und phlegmatisch, den vier Jahreszeiten Frühling, Sommer, Herbst und Winter und den vier Elementen Luft, Feuer, Erde und Wasser.

In der Astrologie beschreiben diese symbolischen Eigenschaften weitere Aspekte der unterschiedlichen Zeichen. C. G. Jung verwendete sie in seiner Psychologie und noch heute bezeichnen wir Menschen in ihrer Lebenseinstellung zum Beispiel als feurig oder luftig oder sagen, sie seien „in ihrem Element“. In der Astrologie heißt es, dass Sonnenzeichen des gleichen Elements eine Affinität oder ein Verständnis füreinander haben.

Wie immer in der Astrologie gibt es hierbei Positives und Negatives. Das Wissen um eine „Schattenseite“ kann in Bezug auf die Selbsterkenntnis hilfreich sein und auf das, was man vielleicht verbessern oder ausgleichen sollte, besonders im Umgang mit anderen.

Luft

ZWILLINGE ✱ WAAGE ✱ WASSERMANN

Diese Zeichen glänzen im Reich der Ideen. Scharfsinnig und visionär, dabei in der Lage, das große Ganze zu sehen, haben Luftzeichen eine reflektierende Qualität, die Situationen entspannen kann. Zu viel Luft kann Absichten zerstreuen, was Zwillinge unentschlossen machen, die Waage zum Zaudern bringen und den Wassermann teilnahmslos erscheinen lassen kann.

Feuer

WIDDER ✱ LÖWE ✱ SCHÜTZE

Diese Zeichen umgibt Wärme und Energie, eine positive Herangehensweise, Spontaneität und Enthusiasmus, die andere sehr inspirieren und motivieren kann. Nachteilig kann sein, dass der Widder sich gern kopfüber in Sachen stürzt, der Löwe viel Aufmerksamkeit braucht und der Schütze viel redet, aber nichts liefert.

Erde

STIER ✱ JUNGFRAU ✱ STEINBOCK

Typischerweise genießen Erdzeichen sinnliche Freuden, Essen und andere körperliche Befriedigungen. Sie fühlen sich gern geerdet und lassen Taten für ihre Ideen sprechen. Der Nachteil ist, dass Stier-Geborene dickköpfig sein können, Jungfrauen pingelig und Steinböcke verbissen konservativ.

Wasser

KREBS ✱ SKORPION ✱ FISCHE

Wasserzeichen sind sehr reaktionsfreudig, wie die Gezeiten mit Ebbe und Flut, dazu aufmerksam und intuitiv – manchmal sogar über die Maßen, wegen ihrer besonderen Fähigkeit zu fühlen. Der Nachteil ist eine Tendenz, sich überfordert zu fühlen. Dies kann den Krebs so hartnäckig wie selbstschützend werden lassen, Fische wechselhaft in ihrer Aufmerksamkeit und den Skorpion unberechenbar und intensiv.

Kardinale, fixe und veränderliche

Zusätzlich zur Unterteilung in die vier Elemente sind die Sternzeichen auch noch auf drei andere Arten gruppiert, die verdeutlichen, wie ihre Energien agieren oder reagieren können. Dies verleiht ihren besonderen Eigenschaften weitere Tiefe.

Kardinal

WIDDER ✶ KREBS ✶ WAAGE ✶ STEINBOCK

Kardinalzeichen sind aktive Zeichen mit der Energie, die Initiative zu ergreifen und Dinge in Gang zu setzen. Der Widder hat die Vision, der Krebs die Gefühle, die Waage die Kontakte und der Steinbock die Strategie.

Fix

STIER ✱ LÖWE ✱ SKORPION ✱ WASSERMANN

Langsamer, aber entschlossener arbeiten diese Zeichen, um voranzukommen; sie halten das am Laufen, was die kardinalen Zeichen initiiert haben. Der Stier bietet körperlichen Komfort, der Löwe Loyalität, der Skorpion emotionale Unterstützung und der Wassermann guten Rat. Auf fixe Zeichen ist Verlass, doch haben sie die Tendenz, sich gegen Veränderungen zu wehren.

Veränderlich

ZWILLINGE ✱ JUNGFRAU ✱ SCHÜTZE ✱ FISCHE

Anpassungsfähig und neuen Ideen, Orten und Menschen gegenüber aufgeschlossen, können sich veränderliche Zeichen leicht auf ihre Umgebung einstellen. Zwillinge sind geistig beweglich, die Jungfrau praktisch und vielseitig. Der Schütze visualisiert Möglichkeiten und die Fische sind empfänglich für Wandel.

Die zwölf Häuser

Das Geburtshoroskop ist in zwöf Häuser unterteilt, die für unterschiedliche Lebensbereiche und -funktionen stehen. Wenn man dir sagt, dass du ein Zeichen in einem bestimmten Haus hast – zum Beispiel die Waage (Gleichgewicht) im fünften Haus (Kreativität und Sexualität) –, kannst du diese Einflüsse interpretieren im Hinblick auf ganz spezifische Hinweise dafür, wie du einen Aspekt deines Lebens angehen könntest.

Jedes Haus ist mit einem Sonnenzeichen, seinem „natürlichen Herrscher", verknüpft und wird so durch Eigenschaften dieses Zeichens repräsentiert.

Drei der Häuser gelten als mystisch und beziehen sich auf unsere innere, übersinnliche Welt: das vierte (Zuhause), das achte (Tod und Wiedergeburt) und das zwölfte (Geheimnisse).

1. Haus

DAS SELBST

BEHERRSCHT VON WIDDER

Haus deiner Persönlichkeit: dein Selbst, wer du bist und wie du dich darstellst, deine Vorlieben, Abneigungen und Lebenseinstellungen. Es beschreibt auch, wie du dich selbst siehst und was dein Ziel im Leben ist.

2. Haus

BESITZ

BEHERRSCHT VON STIER

Haus deiner Besitztümer. Es zeigt, was dir gehört, einschließlich Geld, wie du dein Einkommen verdienst; deine materielle Sicherheit und die reellen Dinge, die dich auf deinem Lebensweg begleiten.

3. Haus

KOMMUNIKATION

BEHERRSCHT VON ZWILLINGE

In diesem Haus geht es um Kommunikation und Geisteshaltung, vor allem darum, wie du dich ausdrückst. Es beschreibt auch deine Beziehung zu deiner Familie, deinen Weg in der Schule oder im Beruf und wie du denkst, sprichst, schreibst und lernst.

4. Haus

ZUHAUSE

BEHERRSCHT VON KREBS

Haus deiner Wurzeln und deines Zuhauses, jetzt, früher und in Zukunft. Es umfasst daher deine Kindheit und die derzeitige häusliche Situation. Es beschreibt auch, was dir dein Zuhause und Sicherheit bedeuten.

5. Haus

KREATIVITÄT

BEHERRSCHT VON LÖWE

Haus von Kreativität, Spiel und Sexualität. Erlaubt auch Rückschlüsse auf Schaffensdrang und Libido in allen Ausprägungen. Es beschreibt außerdem Finanz- und Liebesspekulationen, Spiele, Vergnügen und Zuneigung: Herzensangelegenheiten.

6. Haus

GESUNDHEIT

BEHERRSCHT VON JUNGFRAU

Haus der Gesundheit, sowohl körperlich wie psychisch, und wie stabil sie ist. Auch die Menschen, die uns am Herzen liegen, die wir umsorgen oder unterstützen – von Familienmitgliedern bis hin zu Arbeitskollegen.

7. Haus

PARTNERSCHAFT

BEHERRSCHT VON WAAGE

Der Gegenpol des ersten Hauses. Es spiegelt gemeinsame Ziele und enge Partnerschaften, unsere Wahl des*der Lebenspartner*in und wie erfolgreich unsere Beziehungen sein können. Es beschreibt auch Partnerschaften und Feindschaften im Berufsleben.

8. Haus

WIEDERGEBURT

BEHERRSCHT VON SKORPION

Das Haus steht für den Tod als Wiedergeburt oder spirituelle Transformation. Beschreibt auch Vermächtnisse und das, was du an Persönlichkeitsmerkmalen oder materiell erben wirst. Und da Wiedergeburt Sex braucht, geht es in diesem Haus auch um Sex und sexuelle Gefühle.

9. Haus

REISEN

BEHERRSCHT VON SCHÜTZE

Haus der Fernreisen und Entdeckungsfahrten; es geht auch um die Erweiterung des Horizonts, den das Reisen bringen kann, und wie sich dies ausdrückt. Beschreibt das Verbreiten von Ideen, zum Beispiel in literarischen Werken oder Veröffentlichungen.

10. Haus

BERUFUNG

BEHERRSCHT VON STEINBOCK

Repräsentiert das, wonach wir streben, und unseren Satus; wie wir öffentlich angesehen sein wollen (oder nicht), unsere Ambitionen, unser Image und was wir im Leben aus eigener Kraft erreichen wollen.

11. Haus

FREUNDSCHAFTEN

BEHERRSCHT VON WASSERMANN

Haus der Freundesgruppen und Bekannten, Visionen und Ideen. Es geht weniger um unmittelbare Befriedigung, sondern um langfristige Träume und wie diese durch unsere Fähigkeit, harmonisch mit anderen zusammenzuarbeiten, erreicht werden können.

12. Haus

GEHEIMNISSE

BEHERRSCHT VON FISCHE

Gilt als spirituellstes Haus. Das Haus des Unbewussten, der Geheimnisse und dessen, was verborgen ist; die „Leiche im Keller". Spiegelt auch die geheimen Wege, auf denen wir uns selbst sabotieren oder unsere Kräfte kleinhalten, indem wir sie nicht ausschöpfen.

Der Aszendent

Der Aszendent, auch als aufsteigendes Zeichen bekannt, ist das Tierkreiszeichen, das am Tag deiner Geburt am östlichen Horizont erschien, je nachdem, an welchem Ort und zu welcher Zeit dies passierte. Er liefert Informationen über die Aspekte deines Charakters, die sich mehr nach außen hin offenbaren, wie du dich präsentierst und von anderen gesehen wirst.

Die Geburtszeit zu kennen, ist somit ein nützlicher Faktor in der Astrologie. Selbst wenn dein Sonnenzeichen Widder ist, kannst du also mit aufsteigendem Krebs mütterlich wirken und dich auf die eine oder andere Weise spürbar für das häusliche Leben engagieren.

Dein Aszendent – oder der anderer Personen – hilft oft auch zu erklären, warum die eigene Persönlichkeit so wenig mit dem Sonnenzeichen zusammenzupassen scheint.

Wenn du deine Geburtszeit und deinen Geburtsort weißt, kannst du deinen Aszendenten problemlos online oder in einer App ausrechnen lassen (siehe S. 108). Frage einfach deine Mutter oder andere Familienmitglieder danach. Manchmal steht die Geburtszeit auch in der Geburtsurkunde. Wenn du dir das Horoskop als Ziffernblatt vorstellst, ist der Aszendent auf der Neun-Uhr-Position zu sehen.

Der Deszendent

Der Deszendent weist auf einen möglichen Lebenspartner hin, basierend auf der Vorstellung, dass Gegensätze sich anziehen. Wenn du deinen Aszendenten kennst, ist der Deszendent leicht zu berechnen, da er genau sechs Zeichen entfernt ist: Bei einem Jungfrau-Aszendenten wäre der Deszendent also Fische. Wenn du dir das Horoskop als Ziffernblatt vorstellst, ist der Deszendent auf der Drei-Uhr-Position zu sehen.

Die Himmelsmitte (MC)

Auf deinem Geburtshoroskop ist auch die Himmelsmitte eingezeichnet (MC, von lat.: *Medium coeli*). Sie weist auf deine Einstellung zu Arbeit, Beruf und beruflichem Ansehen hin. Wenn du dir das Horoskop als Ziffernblatt vorstellst, ist das MC auf der Zwölf-Uhr-Position eingezeichnet.

Die Himmelstiefe (IC)

Dann gibt es noch das IC in deinem Horoskop (von lat.: *Imum coeli*, „Himmelstiefe“). Es weist auf deine Haltung gegenüber deinem Zuhause und deiner Familie hin und hat auch einen Bezug zum Ende deines Lebens. Das IC ist sechs Zeichen vom MC entfernt. Wenn dein MC Wassermann ist, ist dein IC Löwe. Wenn du dir das Horoskop als Ziffernblatt vorstellst, ist das IC auf der Sechs-Uhr-Position eingezeichnet.

Rückläufiger Saturn

Saturn ist einer der langsamsten Planeten: Er braucht 28 Jahre, um einmal um die Sonne zu kreisen und an den Punkt zurückzukehren, an dem er zum Zeitpunkt deiner Geburt stand. Diese Rückkehr kann sich über zwei bis drei Jahre erstrecken und macht sich oft in den Zeiten um deinen 30. und 60. Geburtstag stark bemerkbar, die oft als bedeutende „Meilensteine" gelten.

Da die Saturnenergie bisweilen als anstrengend empfunden wird, sind das nicht immer leichte Lebensabschnitte. Saturn gilt als weiser Lehrer oder harter Lehrmeister: Der Saturneffekt wird oft als „zum Glück zwingen" empfunden – so wie viele gute Lehrer argumentieren. Er hält uns wie ein strenger Personal Coach auf der Spur.

Die Saturnrückkehren erlebt jeder Mensch individuell. Sie sind immer eine gute Zeit, Bilanz zu ziehen, Dinge im Leben loszulassen, die einem nicht mehr nutzen, die Erwartungen zu revidieren und ohne Ausreden das im Leben aufzunehmen, von dem man gern mehr hätte. Wenn du also dieses Lebensereignis gerade erlebst oder erwartest, solltest du es begrüßen und damit arbeiten. Denn was du jetzt lernst – vor allem über dich selbst –, ist wissenswert, so turbulent es auch sein mag. Es kann sich für die nächsten 28 Jahre lohnen!

Rückläufiger Merkur

Selbst Menschen mit wenig Interesse an Astrologie bemerken es oft, wenn der Planet Merkur rückläufig ist. Als „Rückläufigkeit" bezeichnet man Zeiten, in denen Planeten wie der Merkur stationär sind, aber sich in die Gegenrichtung zu bewegen scheinen, weil die Erde sich weiterdreht. Vorher und nachher kommt es zu einer „Schattenperiode", die auch etwas turbulent sein kann. Der Planet scheint dabei erst langsamer und dann wieder schneller zu werden. Generell ist es ratsam, während der Rückläufigkeit keine wichtigen Schritte in Bezug auf Kommunikation zu unternehmen. Und wenn doch, sollte man im Kopf haben, dass sie sich später wieder ändern können.

Da Merkur der Planet der Kommunikation ist, zeigt sich schnell, warum seine Rückläufigkeit und ihre Verbindung mit Kommunikationsfehlern problematisch ist: zum Beispiel auf altmodische Weise, wenn ein Brief in der Post verloren geht, oder moderner, wenn der Computer abstürzt.

Ein rückläufiger Merkur kann auch das Reisen beeinträchtigen und es gibt Flug- oder Zugverspätungen, Staus oder Unfälle.

Dazu beeinflusst er die persönliche Kommunikation: Hören, Sprechen, (Nicht-)Gehört-Werden. Dies kann Durcheinander oder Streit verursachen. Er kann sich auch auf formellere Vereinbarungen wie Kaufverträge auswirken.

Merkur ist drei- bis viermal pro Jahr über etwa drei Wochen rückläufig, mit Schattenperioden vorher und nachher. Die Zeitrahmen seiner Rückläufigkeiten bedeuten auch, dass sie in einem bestimmen Sternzeichen passieren. Wenn er zum Beispiel zwischen 25. Oktober und 15. November rückläufig wäre, würde sein Effekt Skorpion-Eigenschaften haben. Auch Menschen mit Skorpion-Sonne oder einem starken Skorpion-Aspekt in ihrem Geburtshoroskop könnten stärker betroffen sein.

Die Termine, zu denen der Merkur rückläufig ist, findet man online, in astrologischen Tabellen oder Ephemeriden. Hier kann man sehen, ob man diese Zeiten für die Planung von Ereignissen meiden sollte, da sie potenziell betroffen sein könnten. Um festzustellen, wie der rückläufige Merkur dich persönlich angehen könnte, musst du dein Geburtshoroskop kennen und dessen spezifischere Kombinationen aus Zeichen- und Planeteneinflüssen.

Wenn du leichter durch einen rückläufigen Merkur kommen willst, sollte dir bewusst sein, dass Pannen passieren können. Rechne also mit Verzögerungen und überprüfe Details lieber doppelt. Bleibe angesichts von Verzögerungen positiv gestimmt und nimm solche Zeiten als Chance für Entschleunigung. Blicke zurück oder überdenke Ideen in Beruf oder Privatleben. Nutze die Zeit, um Fehler zu korrigieren oder Pläne umzugestalten, damit du vorbereitet bist, wenn sich die festgefahrene Energie erneut bewegt und du wieder fließender vorankommst.

Lesetipps

Die zwölf Archetypen: Tierkreiszeichen und Persönlichkeitsstruktur (2011) von Brigitte Hamann; erschienen bei KnaurMensSana

Astrologie für Dummies (2020) von Rae Orion; erschienen bei Wiley-VCH Verlag GmbH & Co. KGaA

Astrologie für den Alltag (2021) von Carole Taylor; erschienen bei DK Verlag Dorling Kindersley

Das Astrologiebuch (2004) von Michael Roscher; erschienen im bei Chiron

Webseiten

astro.com

astrologyzone.com

jessicaadams.com

shelleyvonstrunkel.com

Apps

Astrostyle

Co-Star

Susan Miller's Astrology Zone

The Daily Horoscope

The Pattern

Time Passages

Danksagung

Mein besonderer Dank geht an mein treues Stier-Team. Zuerst an Kate Pollard, Publishing Director bei Hardie Grant: für ihre Leidenschaft für schöne Bücher und für die Beauftragung dieser Reihe. An Bex Fitzsimons für ihr gutlauniges, gründliches Redigieren. Und schließlich an Evi O. Studio, deren Illustrationen und Design kleine Kunstwerke entstehen ließen. Mit einer solchen „Sternenbesetzung“ können diese Bücher nur glänzen – dafür sage ich Danke!

Über die Autorin

Stella Andromeda arbeitet seit über 30 Jahren als Astrologin. Sie ist davon überzeugt, dass die Kenntnis der Himmelskonstellationen und deren Potenzials psychologischen Interpretationen ein wertvolles Instrument bieten kann. Die Vermittlung ihres Wissens in dieser Buchform macht moderne Erkenntnisse über uralte astrologische Weisheiten leicht zugänglich und begeistert für Stella Andromedas Haltung, dass Reflexion und Selbsterkenntnis uns im Leben nur stärker machen. Mit ihrem Sonnenzeichen Stier, dem Aszendenten im Wassermann und einem Mond im Krebs lässt sie sich auf ihrer astrologischen Reise von Erde, Luft und Wasser inspirieren.

Text © Stella Andromeda
Illustrationen © Evi O. Studio

Für die deutsche Ausgabe:
Satz und Redaktion: bookwise GmbH
Übersetzung: Martina Walter und Hannah Walter
Gesamtherstellung: Leo Paper Products Ltd.

Aus Verantwortung für die Umwelt hat sich die Verlagsgruppe Droemer Knaur zu einer nachhaltigen Buchproduktion verpflichtet. Der bewusste Umgang mit unseren Ressourcen, der Schutz unseres Klimas und der Natur gehören zu unseren obersten Unternehmenszielen. Gemeinsam mit unseren Partnern und Lieferanten setzen wir uns für eine klimaneutrale Buchproduktion ein, die den Erwerb von Klimazertifikaten zur Kompensation des CO2-Ausstoßes einschließt. Weitere Informationen finden Sie unter: www.klimaneutralerverlag.de

Widder
ISBN 978-3-8485-0096-3
Ursprünglich veröffentlicht unter dem Titel: Aries
© Hardie Grant Books, an imprint of Hardie Grant Publishing, 2019
© für die deutsche Ausgabe: GROH Verlag GmbH, 2021
www.groh.de

FSC www.fsc.org
MIX
Paper from responsible sources
FSC™ C020056

1 2 3 4 5